L'ABBÉ COCHET

SA MORT

SON INHUMATION

SON MONUMENT

PAR

M. BRIANCHON

Membre de la Commission des Antiquités de la Seine-Inférieure.

ROUEN

IMPRIMERIE E. CAGNIARD

Rues Jeanne-d'Arc, 88, et des Basnage, 5.

—

1875.

L'ABBÉ COCHET

SA MORT. — SON INHUMATION.
SON MONUMENT.

C'est sur le cachet même de M. l'abbé Cochet que Mlle Elisa Mauduit, de Paris, nièce du regretté André Pottier, a bien voulu, avec autant d'obligeance que de talent, graver sur bois, tout exprès, la vignette du titre pour en enrichir cet opuscule.

Les lecteurs de l'abbé Cochet reconnaîtront les autres vignettes comme ayant figuré déjà dans plusieurs de ses ouvrages. Leur savant possesseur, M. Michel Hardy, les a d'autant plus volontiers mises à notre disposition, qu'il s'agissait d'illustrer, à son exemple, une plaquette commémorative publiée en l'honneur de son vénéré maître et ami.

MONUMENT A LA MÉMOIRE DE L'ABBÉ COCHET

Siége du Comité: 44, rampe Bouvreuil, à Rouen

BULLETIN DE SOUSCRIPTION

Je m'engage à souscrire pour la somme de

au Monument à élever à la mémoire de l'abbé COCHET.

A   , le   187   .

Signature du Souscripteur.

NOM

ADRESSE

(Prière de retourner le présent bulletin au Président du Comité, 44, rampe Bouvreuil, à Rouen.)

MONUMENT

A LA MÉMOIRE

DE L'ABBÉ COCHET

APPEL AUX SOUSCRIPTEURS

Rouen, le 6 Décembre 1875.

M

Vous êtes de ceux que les nombreux et importants travaux de M. l'abbé Cochet ont toujours intéressés et trouvés sympathiques. Vous avez déploré, avec la Normandie entière, la perte de ce savant ecclésiastique qui a succombé aux rudes labeurs dont sa vie a été remplie.

Vous voudrez, nous osons l'espérer, vous associer aux sentiments qui ont inspiré quelques-uns de ses plus anciens amis, lorsque, réunis en comité, ils ont pris la résolution d'élever sur sa tombe, au cimetière Monumental de Rouen, un simple et digne monument.

Ce projet ne peut rencontrer que d'unanimes adhésions.

PRÊTRE, l'abbé Cochet a aimé nos églises normandes avec la plus vive et la plus filiale tendresse. Il a raconté leur glorieuse histoire, décrit leurs richesses artistiques, défendu ardemment leur cause, provoqué leur restauration et, pour plusieurs, assuré leur conservation.

SAVANT, il a ouvert par ses découvertes une voie nouvelle aux investigations des archéologues et des historiens. Ses fouilles dans les sépultures gallo-romaines, franques, carlovingiennes, dans celles non moins intéressantes du Moyen-Age, ont mis en lumière un filon jusque-là peu exploré de la mine si précieuse des origines. L'Institut de France a rendu justice à son mérite en lui décernant la plus haute récompense à laquelle un savant de province puisse aspirer.

Écrivain, il a laissé douze volumes et cent cinquante brochures environ, qui seront toujours lus et consultés avec fruit par ceux qui s'intéressent aux progrès des sciences historiques, et dont les lettrés ne dédaignent ni la forme animée, ni la puissante originalité.

Normand enfin, il a rendu de tels services à la science et aux lettres de notre pays que son nom y est devenu populaire. La municipalité du Havre qui l'a vu naître l'a inscrit parmi ses plus illustres citoyens, à la suite de Bernardin de Saint-Pierre, de Casimir Delavigne et d'Ancelot. Le Conseil général de la Seine-Inférieure a donné son nom à l'une des salles du Musée départemental, au développement et à la richesse duquel il a si longtemps et si efficacement contribué.

Il serait indigne d'un grand et généreux pays de laisser sans honneur la tombe d'un tel homme, et nous avons la conviction que notre appel sera entendu, non-seulement des amis, des disciples, des confrères de M. l'abbé Cochet, mais encore de tous les vrais savants et des dignes enfants de la Normandie.

Nous le confions en particulier, M   , à votre bienveillance, en venant solliciter votre souscription. Vous voudrez rendre avec nous au vénérable abbé Cochet ce suprême hommage, et témoigner ainsi une fois de plus que les services rendus à la science et au pays ne trouvent jamais parmi nous les nobles cœurs indifférents.

A ces titres, nous vous adressons ci-inclus un bulletin de souscription, espérant que vous voudrez bien le remplir, et donner de cette manière votre bienveillante adhésion à l'œuvre que nous avons entreprise.

Recevez, M   , nos salutations les plus empressées.

Le Secrétaire,	Le Vice-Président,	Le Président,
L'abbé LOTH.	Vte R. D'ESTAINTOT.	Gustave GOUELLAIN.

Le Trésorier,	Le Secrétaire-Adjoint,
Félix VALLOIS Fils.	L'Abbé TOUGARD.

Le siége du Comité est fixé à Rouen, rampe Bouvreuil, n° 44, au domicile de son président, où les adhésions devront être adressées.

La souscription restera ouverte pendant deux mois.

On peut également verser son offrande entre les mains de l'un des membres du Comité dont les noms suivent :

MEMBRES DU BUREAU.

Président.

M. Gustave Gouellain, juge au tribunal de Commerce, rampe Bouvreuil, 44, à Rouen.

Vice-Président.

M. le vicomte Robert d'Estaintot, secrétaire de la Commission départementale des antiquités, rue des Arsins, 9, à Rouen.

Secrétaire.

M. l'abbé Loth, chanoine honoraire, secrétaire de l'Académie de Rouen, rue des Bonnetiers, 2, à Rouen.

Secrétaire-Adjoint.

M. l'abbé Tougard, docteur ès-lettres, professeur au petit séminaire du Mont-aux-Malades, près Rouen.

Trésorier.

M. Félix Vallois fils, secrétaire de la société Centrale d'Horticulture de la Seine-Inférieure, rue de la Savonnerie, 12, à Rouen.

MEMBRES DU COMITÉ.

MM.

Paul Baudry, membre de la Commission des antiquités, place de la Motte, 2, à Rouen.

De Beaurepaire ✳, correspondant de l'Institut, rue Chasselièvre, 5 *bis*, à Rouen.

Le Marquis de Blosseville ✳, président de la Société de l'Histoire de Normandie, au château d'Amfreville-la-Campagne (Eure).

Bouquet ✳, professeur au Lycée Corneille, rue Bras-de-Fer, 2 *bis*, à Rouen.

Brianchon, président de la Société de Secours mutuels de Saint-Thomas, à Gruchet-le-Valasse.

Alfred Caraven-Cachin, membre de la Société royale de Luxembourg, à Castres.

L'abbé Caresme, chanoine honoraire d'Evreux, curé de Pinterville (Eure).

Coppinger, administrateur à la direction générale des Manufactures de l'Etat, rue Bassano, 1, à Paris.

L'abbé Decorde, membre de l'Académie de Caen, curé de Notre-Dame-d'Aliermont.

Desmarest ✳, architecte en chef du département, rue Saint-Maur, 60, à Rouen.

Léon de Duranville, membre de l'Académie de Rouen, rue Alain-Blanchard, 3, à Rouen.

De Girancourt ✳, membre du Conseil général, rue Saint-Patrice, 48, à Rouen.

Gosselin, membre de la Commission des antiquités, à Caudebec-lès-Elbeuf.

Dr Ernest Guéroult, membre de la Commission des antiquités, à Caudebec-en-Caux.

Michel Hardy, membre de la Commission des antiquités, à Dieppe.

MM.

L'abbé Jeuffrain, chanoine-archiprêtre de la Métropole, rue Saint-Romain, 1, cour des Libraires, à Rouen.

L'abbé Jouen ✳, chanoine, ancien vicaire général, à Evreux.

Gaston Le Breton, conservateur du Musée céramique, rue Jeanne-d'Arc, 87, à Rouen.

Dr Lecadre ✳, membre correspondant de l'Académie de médecine, rue de Fontenelle, 13, au Havre.

L'abbé Lecomte, professeur à la Faculté de théologie, route de Neufchâtel, 12 b, à Rouen.

Dr Paul Levasseur, médecin en chef à l'Hôtel-Dieu, quai de Paris, 48, à Rouen.

Lormier, vice-président de la Société des bibliophiles normands, rue Socrate, 15, à Rouen.

L'abbé Malais, curé de Martin-Eglise.

Ménant ✳, juge au tribunal civil, rue Jeanne-d'Arc, 31, à Rouen.

A. Milet, chef de la fabrication à la Manufacture nationale de porcelaines, à Sèvres.

Pelay, président de la Société rouennaise de bibliophiles, rue de Crosne, 74, à Rouen.

Charles Roëssler, membre de la Société havraise d'études diverses, place de l'Hôtel-de-Ville, 7, au Havre.

L'abbé Somménil, chanoine honoraire, directeur de la Maison diocésaine, à Blosseville-Bonsecours.

Félix Vallois, ancien conseiller municipal, rue de la Savonnerie, 12, à Rouen.

L'ABBÉ COCHET

SA MORT
SON INHUMATION
SON MONUMENT

PAR

M. BRIANCHON

Membre de la Commission des Antiquités de la Seine-Inférieure.

ROUEN

IMPRIMERIE E. CAGNIARD

Rues Jeanne-d'Arc, 88, et des Basnage, 5.

1875:

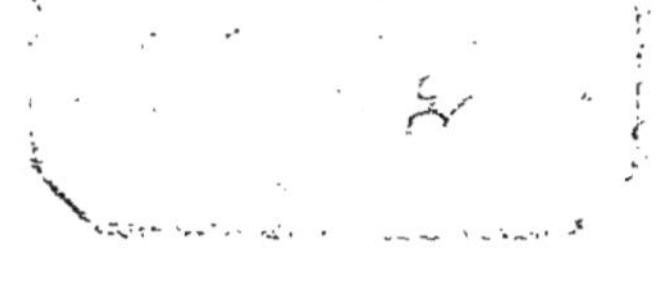

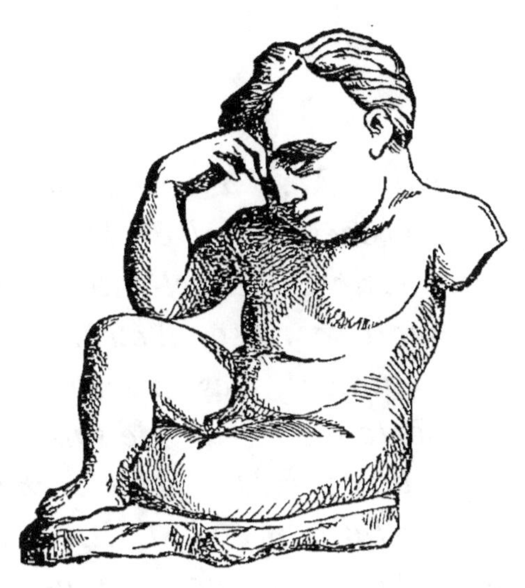

AUX AMIS DE M. L'ABBÉ COCHET

—

C'est à vous, amis connus et inconnus du savant dont nous déplorons la perte, que j'offre ces lignes. A défaut d'autre mérite, elles auront du moins celui de consigner, d'une manière exacte, ces derniers souvenirs dont le cœur est toujours avide sur ceux que nous avons aimés.

Au moment où il est question d'élever un

6

monument sépulcral à M. l'abbé Cochet, il m'a semblé que ce procès-verbal de la mort, pour ainsi dire, même après l'excellente notice de M. Hardy[1], avait sa raison d'être. Donnera, pour le monument, des pierres qui pourra : moi, j'apporte mon grain de sable.

Il y a beaucoup à dire sur M. l'abbé Cochet. On peut étudier chez lui le prêtre, l'historien, l'antiquaire, médaille à triple face présentant, au revers, la triple effigie du fouilleur, de l'épistolier, de l'ami. Pour moi, simple éclaireur de la compagnie de ses biographes, je ne puis faire qu'une chose : marcher en avant, armé à la légère, au vieux cri français de

Qui *l'*aime me suive !

———⧓———

---

[1] *Notice biographique sur M. l'abbé Cochet, accompagnée de la nomenclature complète de ses ouvrages,* par Michel Hardy. — Rouen, Métérie, 1875, in-8º de 24 p. avec portrait et fac-simile.

I.

SA MORT.

e soir du 1er juin 1875, une nouvelle douloureuse se répandit dans
la ville de Rouen.

M. l'abbé Cochet était mort.

Ce fatal dénoûment n'était que
trop prévu. Depuis deux ans, comme
frappé par la foudre ou plutôt épuisé par le

travail, M. l'abbé Cochet s'inclinait vers la tombe. Il ne vivait plus que d'une vie factice. Sa brillante intelligence, une mémoire incomparable se voilaient par instants. Ses nombreux amis ne se dissimulaient pas leurs alarmes. Le 22 avril, le zélé successeur des Gosseaume et des Jean Rondeaux convoquait, encore une fois, la commission des antiquités. C'était, dans l'espace de neuf ans, pour la soixantième au moins : c'était aussi pour la dernière, et il ne put la présider. Il avait été saisi, la nuit, d'une violente hémorrhagie cérébrale, de spasmes, d'étouffements.

M. l'abbé Cochet avait, à un haut degré, la passion de la science, qui dévorait sa vie, mais c'était, avant tout, un homme de foi et un prêtre de fidélité stricte aux grandes lignes du christianisme. Jésus-Christ, la Sainte-Vierge, l'Eglise, occupaient, dans son esprit et dans son cœur, des trônes hors de toute atteinte. Il ne se vit pas plutôt en danger de mort qu'il demanda les sacrements. Ce fut M. l'abbé Lefebvre, vicaire de Saint-Patrice, neveu de l'un de ses anciens condisciples, et celui-là même qui devait prononcer, peu de jours après, sur sa tombe encore ouverte, une si chaude prière, qu'il chargea de l'administrer [1].

Cela fait, il attendit.

Des soins intelligents rendirent au malade un éclair de santé. Mais l'anémie poursuivait sourdement son œuvre. Après une journée passée presque gaîment à la campagne, où ses forces semblaient renaître et où il s'était repris à espérer et à vivre — lueur plus haute, comme on en voit aux lampes qui vont s'éteindre — M. l'abbé Cochet rentra dans cet appartement, situé au second étage du n° 29 de la rue Saint-Patrice, dont tant de savants et d'amis ont connu le chemin, il franchit, disons-nous, ce seuil cher à la science et à

[1] Qu'il me soit permis de saisir l'occasion qui se présente ici de répondre incidemment à des appréciations peu charitables, pour ne pas dire plus, sur M. l'abbé Cochet, dont ses amis ont eu à souffrir et dont il n'a que trop souffert lui-même. On lui a reproché de simuler, pour se soustraire à des devoirs incompatibles avec ses goûts, une maladie qu'il n'avait pas. Il est si facile, aux gens qui se portent bien, de blâmer ceux qui sont malades ! Je pourrais invoquer, pour réduire les accusateurs au silence, le témoignage de plusieurs médecins célèbres,

l'hospitalité, qu'il ne devait plus retraverser vivant. Le soir même, tout le côté droit était frappé de paralysie.

Nous eûmes, dirons-nous la douleur ou la consolation, de voir sur ces entrefaites notre malheureux ami. Il avait l'œil atone, sa large tête penchée sur sa poitrine. Il entrait dans l'éternité. A quelles angoisses, à quelles tortures ne devait-il pas être en proie ! Lui, dont

celui de M. des Alleurs entre autres. Je ne le ferai pas. Aux personnes qui cherchent la vérité, et je n'ai pas à m'occuper des autres, je n'ai qu'une chose à dire : je sais et j'affirme, aussi bien pour être exact que pour venger une mémoire amie, que M. l'abbé Cochet a lutté de tout son pouvoir, et à maintes reprises, contre la fâcheuse névrose dont il était atteint depuis tant d'années et qui l'empêchait de remplir les principales fonctions de son ministère.

Ce fut au couvent des Carmélites, et pendant les heures pénibles de l'invasion, si nous sommes bien informé, que M. l'abbé Cochet essaya de dire la messe pour la dernière fois. Il satisfaisait, en agissant ainsi, à une volonté éminente et aux inspirations de sa propre conscience. Mais le malheureux névrosé avait trop présumé de ses forces. Il subit, en conséquence de sa pieuse tentative, une crise de prostration des plus intenses, et dût renoncer pour toujours à l'acte de la vie du prêtre qui fait le plus sa grandeur et sa consolation.

la pensée était si ardente, à qui la plume et la parole obéissaient comme des esclaves, en était réduit à ne pouvoir ni écrire une ligne, ni articuler plusieurs mots de suite. Il ne s'exprimait plus que par monosyllabes. Avec l'intelligence demeurée libre, avec le sentiment de sa situation, ce qu'a dû souffrir, pendant cette muette agonie, l'esprit bouillonnant dans un corps inerte, peut à peine s'imaginer. Adieu, qui s'écrit *à Dieu* dans l'orthographe de ceux qui meurent, étreinte navrée, pression de main plus forte qu'à l'ordinaire, l'amitié de toute une vie concentrée dans un dernier regard, telle fut l'impression emportée de l'ami que je ne devais plus revoir, et que je regretterai toujours [1].

Un médecin distingué, ami de M. l'abbé Cochet et son confrère à l'académie de Rouen,

[1] Nous tenons du digne ecclésiastique qui assistait M. l'abbé Cochet pendant sa dernière maladie, qu'il n'a cessé de supporter ses douleurs avec la plus édifiante résignation. Les mains tantôt jointes, tantôt levées au ciel, ses lèvres ne s'ouvraient guère que pour murmurer ce cri, dans lequel se concentrent si religieusement les plaintes et les espérances chrétiennes : *Mon Dieu! mon Dieu!*

fut appelé pour lui donner des soins. M. Paul Levasseur crut devoir s'adjoindre M. le docteur Derocque. Mais, malgré les efforts combinés des deux habiles praticiens, obligés de s'en tenir aux palliatifs, le mal ne put être efficacement conjuré. Des symptômes, de plus en plus graves, se manifestèrent, jusqu'à ce que survint enfin un accident, plus terrible que tous les autres, l'érysipèle final auquel succomba, comme nous l'avons dit, M. l'abbé Cochet, le mardi 1ᵉʳ juin 1875, à quatre heures du soir.

Ainsi s'est éteinte l'une de nos gloires locales les plus accentuées. Ainsi a disparu, d'entre les savants, l'homme qui fut, pour la Haute-Normandie, ce qu'a été M. de Caumont pour la Basse. L'un est le monumentaliste par excellence : l'autre a créé la sépulcrologie. Tous deux ont laissé des titres impérissables à notre reconnaissance.

Deux jours après, les restes mortels du défunt ont été renfermés dans un double cercueil, en plomb et en chêne. M. l'abbé Cochet était revêtu de sa soutane, selon l'usage des ecclésiastiques. Il avait désiré être mis dans la tombe avec ses vêtements sacerdotaux. Mais cette volonté dernière n'ayant été connue qu'à l'ouverture du testament, découvert seulement quelques jours plus tard, n'a pu être remplie.

Aucune monnaie, d'argent ou de bronze, au millésime de l'année courante, n'a été placée dans la bière. Aucuns vases chrétiens, contenant l'eau bénite ou l'encens, selon la coutume du xiiie siècle, n'ont été mis dans la fosse. Ni aucune croix d'absolution, choisie entre toutes celles qu'avait exhumées le défunt lui-même, n'a été posée sur sa poitrine, à côté du ruban de la légion-d'honneur.

Mais n'anticipons pas.

M. l'abbé Cochet n'avait, pour principal appartement, qu'un cabinet de travail, où il prenait ses repas et où il couchait. C'est là que fut déposé le cercueil, en attendant l'heure de l'inhumation. A la tête du cercueil était une petite table, recouverte d'une serviette blanche. Sur la table un crucifix, entre deux flambeaux, et, dans une assiette remplie d'eau bénite, une branche de buis. Aux pieds du mort, des religieuses, de l'ordre de la Compassion, se succédèrent, du mardi

jusqu'au vendredi, qui priaient sans inter-
ruption.

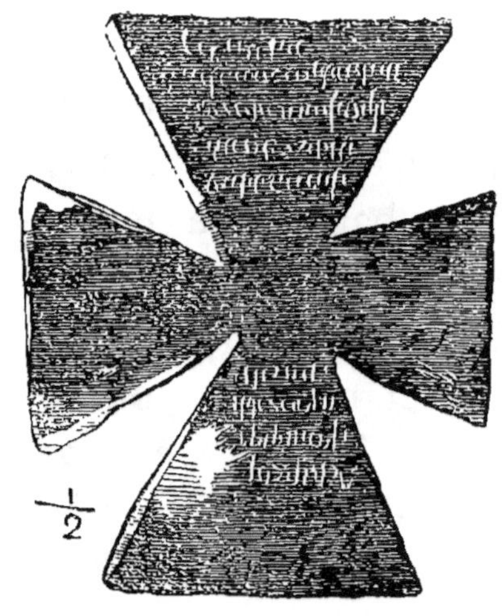

II.

SON INHUMATION.

—

’inhumation de M. l’abbé Cochet
avait été fixée au vendredi 4 juin.
Toutes les dispositions avaient été
prises par l’un de ses excellents voi-
sins et amis, M. Gouellain, si connu par
sa belle collection céramique, pour que
les obsèques du défunt eussent lieu avec
les honneurs dus à son caractère, à ses fonc-

tions et à sa haute notoriété dans le monde savant.

Conformément à ces dispositions, les obsèques de M. l'abbé Cochet ont été célébrées en l'église Saint-Patrice, sa paroisse, toute tendue de noir, le jour susdit à dix heures du matin, avec des chants liturgiques admirablement exécutés, et au milieu d'un recueillement profond.

Un piquet d'infanterie, du 24º régiment de ligne, escortait le convoi funèbre. [1]

On remarquait, sur le cercueil, placé au milieu du chœur, une croix de la légiond'honneur et la palme d'officier d'académie.

M. le curé Cayez officiait.

L'assistance était nombreuse. On y distinguait, entre autres notabilités, M. Lizot, préfet de la Seine-Inférieure; M. de Gironde, secrétaire général de la préfecture et président de la commission des antiquités; M. Barrabé, adjoint au maire de Rouen; MM. de Girancourt, d'Iquelon et Duperrey, conseillers généraux; M. le docteur Le Plé, conseiller

---

[1] Ce piquet, conformément à l'ordonnance de 1863, était composé de 1 officier, 1 sergent, 2 caporaux et 21 hommes.

d'arrondissement ; M. Matinée, proviseur du lycée ; M. Jubé, inspecteur d'académie ; M. Ménant, juge au tribunal civil de Rouen ; M. Bouquet, professeur au lycée ; MM. Rivière, président, Malbranche, secrétaire, Prosper Pimont, Frère, le docteur Paul Levasseur et Decorde, membres de l'académie de Rouen ; M. Desmarest, architecte en chef du département ; M. de Beaurepaire, correspondant de l'institut ; .M Bertrand, conservateur du musée de Saint-Germain ; M. de Linas, le savant antiquaire de l'Artois ; M. A. Milet, chef des ateliers de fabrication à la manufacture de Sèvres ; M. Morin, conservateur du musée de peinture ; M. Gouellain, juge au tribunal de commerce ; M. Gaston Le Breton, conservateur du musée céramique ; M. le docteur Pennetier, directeur du muséum d'histoire naturelle ; M. Arnaud, directeur des contributions indirectes ; MM. Lormier, Pelay, de la Serre, le docteur Guéroult, Stephano de Merval, membres de la commission des antiquités ; M. Legros, receveur des hospices ; M. Billiard, conservateur-adjoint du musée des antiquités ; MM. les docteurs Deswatines, d'Eu, Bouteiller, de Rouen, etc., etc.

2

Les journaux de la ville, que M. l'abbé Cochet favorisait de ses communications, s'étaient fait représenter par leurs principaux rédacteurs.

Des prêtres de presque toutes les paroisses de la ville et de tous les points du diocèse suivaient le convoi. A M. l'abbé Delahaye, vicaire-général, représentant Son Eminence Mgr le cardinal-archevêque de Rouen, étaient venus se joindre : M. l'abbé Isaac, chanoine, vicaire général, official du diocèse ; M. l'abbé Pénel, chanoine, promoteur, ancien professeur du défunt; M. l'abbé Jeuffrain, chanoine, archiprêtre de la métropole ; M. l'abbé Hasley, chanoine, théologal ; M. l'abbé Tirel, chanoine, supérieur de la communauté d'Ernemont; le R. P. Postel, chanoine honoraire, supérieur du grand séminaire ; MM. les abbés Delalonde et Paploré, chanoines honoraires, professeurs à la faculté de théologie ; MM. les abbés Loth et Lecomte, professeurs à la faculté de théologie et membres de l'académie de Rouen ; M. l'abbé Somménil, chanoine honoraire, directeur de la maison diocésaine de Bonsecours ; M. l'abbé Polleux, curé de Saint-Maclou ; M. l'abbé Billard, curé de Saint-Nicaise; M. l'abbé Joly, curé de Saint-Hilaire; M. l'abbé Andrieu, curé de Caudebec-en-Caux ; M. l'abbé Morin, curé du Mont-aux-Malades ; M. l'abbé Decorde, curé de Notre-Dame-d'Aliermont ; M. l'abbé Gobert, curé du Petit-Quevilly ; M. l'abbé Fallet, clerc des sacrements à la Cathédrale ; M. l'abbé Tougard et M. l'abbé Lebarcq, professeurs au séminaire du Mont-aux-Malades, accompagnés de plusieurs élèves ; M. l'abbé Durier, aumônier du lycée; M. l'abbé Comont, curé de Saint-Pierre-le-Viger ; M. l'abbé Burel, curé de Fontaine-le-Bourg ; M. l'abbé Deheulle, vicaire de Saint-Ouen; M. l'abbé Allais, vicaire de Saint-Romain de Rouen, etc., etc.

Faisait également partie du cortége l'honorable frère Lucard, directeur de l'école normale.

Le lycée Corneille avait envoyé une députation d'élèves aux funérailles de son ancien aumônier.

La commission des antiquités de la Seine-Inférieure; l'académie des sciences, belles-lettres et arts de Rouen; la société de l'histoire de Normandie; la société d'Emulation;

la société des bibliophiles normands ; la société rouennaise de bibliophiles ; la société des amis des arts ; la société des amis des sciences naturelles, en un mot, toutes les sociétés littéraires et artistiques de la vieille cité normande avaient tenu à honneur de figurer, par des délégations spéciales, à cette triste cérémonie.

Les cordons du char ont été tenus successivement, de l'église au boulevard Bouvreuil, par MM. Matinée, l'abbé Loth, Desmarest, Rivière, de Girancourt et d'Iquelon ; puis, jusqu'au cimetière monumental, par MM. de Beaurepaire, Bouquet, Barrabé, le docteur Paul Levasseur, A. Milet, Arnaud, l'abbé Decorde, Gouellain et Brianchon.

Sur la tombe, deux discours ont été prononcés : le premier, par M. Brianchon, secrétaire-adjoint de la commission des antiquités, au nom de la commission ; le second, par M. l'abbé Loth, au nom de l'académie de Rouen.

Le secrétaire-adjoint de la commission des antiquités s'est exprimé ainsi :

« Messieurs,

« C'est moins aux longues années d'une amitié qui ne pouvait être interrompue que par la mort, qu'à l'absence du secrétaire de la commission départementale des antiquités, M. le vicomte Robert d'Estaintot, retenu par un autre deuil, que l'un des secrétaires-adjoints doit l'honneur imprévu d'avoir à dire, au nom de la commission, toute l'étendue de la perte qu'elle vient de faire dans la personne de son honorable vice-président.

« D'autre côté, par suite d'un empêchement que nous ne serons pas seul à déplorer, M. le préfet, dont la parole — il y a moins de trois mois, ne le prouvait-il pas encore ici-même [1] ? — sait si bien trouver le chemin des intelligences et des cœurs, et qui aurait vivement désiré rendre à la mémoire de M. l'abbé Cochet l'hommage de l'administrateur et de l'ami, n'a

[1] Discours prononcé, le lundi 22 mars 1875, aux obsèques de M. Henry Barbet, ancien maire de Rouen.

pu accompagner au-delà de l'église les restes
du défunt.

« Nous avons mission d'exprimer ici, au
nom de M. Lizot, des regrets qui tiennent lieu
d'éloge.

« Jean-Benoist-Désiré Cochet naquit à Sanvic, le 7 mars 1812, et fut baptisé — fortune
étrange pour le futur archéologue ! — par un
ancien religieux bénédictin, dom Monthois,
dernier prieur de l'abbaye de Valmont. Ce
ne fut pourtant pas sur la plage du Havre, où
son père, brave soldat de l'empire, gardait la
batterie du Perrey, que s'écoula l'enfance de
notre ami, mais à Etretat, cet Etretat qu'il
a contribué à populariser, au moins autant
qu'Alphonse Karr, et où il puisa sans doute,
à la vue de son église et de ses falaises, devant
les merveilles de l'art et de la nature, en face
de la mer immense, ce culte de l'architecture
religieuse, cette passion du pays qui respirent
dans toutes ses œuvres.

« A l'entrée de la vie, M. Cochet rencontra
deux hommes qui exercèrent sur lui une
double et décisive influence : Mgr Robin,
évêque de Bayeux, alors curé du Havre, et
M. Emmanuel Gaillard, membre de l'aca-

démie de Rouen. L'un le fit pasteur d'âmes et l'autre antiquaire. Toute la vie de M. l'abbé Cochet tient entre ces deux termes.

« Ordonné prêtre par le cardinal prince de Croï en 1836, M. l'abbé Cochet inaugura sa carrière sacerdotale à Saint-François du Havre [1]. Puis, successivement vicaire de Saint-Remy, à Dieppe, et aumônier du lycée de Rouen, notre jeune ecclésiastique dut résigner son poste en 1846, époque où sa santé, altérée par l'étude, lui interdit un plus long exercice du ministère sacré.

« C'est dans ce court espace de temps que nous voyons M. l'abbé Cochet, animé d'un

---

[1] C'est au souvenir de son départ de Saint-François que M. l'abbé Cochet, analysant une notice de son successeur et ami, M. l'abbé Lecomte, sur *Messire de Clieu, les églises et le clergé du Havre*, écrivait, quinze ans plus tard, ces lignes si sacerdotales, si colorées, si lui-même, qu'elles font illusion et que l'on croit encore l'entendre : « Il est si pur l'amour du prêtre pour sa première paroisse, cette épouse de son âme qui lui vient de Jésus-Christ! Il faut l'avoir éprouvé pour le connaître. Heureux celui qui n'a jamais quitté le premier autel où il célébra les saints mystères, la première stalle où il s'est assis au chœur, la première chaire où il a parlé au peuple fidèle, le premier grabat où il a visité un chrétien mourant! Celui-là ne connaît point la plus grande amertume spirituelle de la vie. »

zèle apostolique, tantôt consacrant une quête de huit mille francs à soulager ses malheureux concitoyens d'Etretat, tantôt administrant les secours de la religion au poète Léon Buquet, fauché dans sa fleur, et au chirurgien Achille Flaubert, enseveli dans sa gloire ; ou bien encore fondant, au Havre et à Dieppe, l'utile société de Saint-François-Régis, pour la légitimation gratuite des mariages pauvres.

« Mais si M. l'abbé Cochet n'a pas été un ouvrier inutile dans la maison du Seigneur, c'est surtout comme savant qu'il est plus particulièrement connu et qu'il a laissé un nom qui ne périra pas. Là encore se retrouve, dans ses principaux écrits, la dualité d'empreintes que nous signalions en commençant. C'est à l'élève bien-aimé de Mgr Robin que l'on doit : Les *Eglises des arrondissements du Havre, de Dieppe et d'Yvetot ;* les *Sermons ;* les *Considérations sur les sépultures chrétiennes ;* les *Notices sur divers membres du clergé,* etc. C'est au brillant disciple de M. Emmanuel Gaillard qu'il faut attribuer : *la Normandie souterraine ; le Tombeau de Childéric; Etretat; la Seine-Inférieure historique* et cet immense *Répertoire archéologique de la Seine-Infé-*

rieure, qui suffirait seul à la gloire d'un érudit.

« Ces travaux et bien d'autres encore, tels que l'exploration des anciens tombeaux, si pleins d'enseignements jusque-là ignorés pour l'histoire du monde, valurent à leur auteur plusieurs brefs du souverain pontife, les titres d'inspecteur des monuments historiques de la Seine-Inférieure et des monuments religieux du diocèse de Rouen, de directeur du musée départemental d'antiquités, de correspondant de l'institut et de chevalier de l'ordre de la légion-d'honneur.

« Voilà, sous ses aspects généraux, quel fut le flambeau qui vient de s'éteindre, quel fut l'homme dont s'honorent à la fois, comme de l'une de leurs plus pures illustrations, le diocèse de Rouen et le département de la Seine-Inférieure.

« Mais n'oublions pas que ce n'est pas tant le ministre de Jésus-Christ et le créateur de l'archéologie sépulcrale que nous avons à envisager ici, que le vice-président de la commission des antiquités. C'est en parcourant, depuis 1834, les procès-verbaux de cette commission, instituée par M. le comte de

Kergariou en 1818, et réorganisée quelques années plus tard par M. le baron de Vanssay, pour la recherche et la conservation de nos monuments départementaux de toute espèce, que l'on peut se faire une idée des services rendus par M. l'abbé Cochet.

« Nommé membre de la commission par M. le baron Dupont-Delporte, dès 1834, lorsqu'il n'était encore que séminariste ; en 1864, vice-président par M. le baron Ernest LeRoy, en remplacement de M. Jean Rondeaux, M. l'abbé Cochet ne cessa, pendant quarante ans, d'enrichir nos nombreuses séances des plus intéressantes et fécondes communications. Actif, intelligent, spirituel, instruit dans toute l'acception du mot, doué d'une mémoire prodigieuse, je ne crains pas d'être démenti en disant que notre vice-président était l'âme et l'âme de feu d'une société qui resta toujours, entre une centaine de sociétés françaises et étrangères dont il faisait partie, sa société de prédilection. Et comme il adorait la science ! Comme il aimait ses amis ! Comme il avait le cœur chaud et prompt à obliger !

« Mais ce serait trahir notre mission que, restant dans les généralités, de ne pas pré-

ciser, au moins en quelques mots, les principaux labeurs qui marquent la trace brillante
de M. l'abbé Cochet à travers la commission
des antiquités.

« Ici, comme à Etretat, Envermeu, Lillebonne, et sur presque tous les points du pays
de Caux, ce sont des fouilles, chose assez inso-
lite, en 1833, pour que l'intervention d'un
célèbre vicaire général du diocèse, mort évêque
d'Orléans, devienne parfois nécessaire [1], ce
sont des fouilles, disons-nous, qui arrachent à
l'oubli des siècles les générations jusque-là
si effacées des Gaulois, des Romains et des
Francs.

« Là, ce sont des notes, des mémoires, des
livres, des publications de toute sorte, où
abondent les faits toujours éclairés par une
critique saine et judicieuse, et notamment ces
incomparables rapports annuels à M. le préfet
de la Seine-Inférieure, si lumineux et si com-
plets, qui rendront bien difficile la tâche de
son successeur.

---

[1] *Procès-verbaux de la Commission des Antiquités de
la Seine-Inférieure.* Séance du 7 janvier 1836, t. I,
p. 236.

« Ou bien encore on voit l'actif inspecteur, soucieux de toutes nos gloires cauchoises , immortaliser nos moindres villages par les inscriptions commémoratives de Belain d'Esnambusc, le pionnier des Antilles, du navigateur Ango, du roi Jehan de Bethencourt et de tant d'autres.

« L'esprit d'ardente et intelligente initiative de M. l'abbé Cochet se traduit par une foule d'actes utiles, dans le département tout entier. C'est lui qui rétablit, dans l'église d'Arques, le mémorial de la bataille de 1589 ; lui qui conserve la statue de Guillaume-le-Conquérant, à Saint-Victor ; lui qui restaure, à la cathédrale, les sépultures de Henri Court-Mantel et de Richard Cœur-de-Lion.

« Nous ne citons qu'au hasard et en courant.

« Un jour, il découvre le cœur de Charles V, visite la dépouille de Bedford et reconnaît le tombeau de sainte Honorine. D'autres fois, il obtient le trésor de Cailly, célèbre la mosaïque de Lillebonne et enrichit la ville de la collection Thaurin.

« Les procès-verbaux de la commission des antiquités sont là pour constater, à l'honneur de la science, que son vice-président, archéologue quand même , a fait, selon sa propre expression , de « *l'archéologie malgré la guerre,* » et n'a pas craint de flétrir patriotiquement, dans la séance du 23 février 1871, l'incendie du château de la Pierre, par des hommes qui déshonoraient, en la souillant d'une torche, la main faite pour porter l'épée [1].

« C'est encore à M. l'abbé Cochet que la ville de Rouen doit une grande partie des richesses accumulées dans son musée d'antiquités , créé par M. Deville , continué par M. André Pottier, et l'un des plus remarquables de France.

« Nous rappellerons enfin que l'un des derniers actes du vice-président de la commission des antiquités, son testament archéologique, en quelque sorte, a été une démarche officielle pour requérir en faveur de la conservation de la dernière porte de Rouen, la porte Guillaume-Lion.

« Aussi, les distinctions les plus enviables ne manquèrent-elles pas, comme nous l'avons

[1] *Procès-verbaux de la Commission des Antiquités de la Seine-Inférieure, pendant l'année 1871.* T. II, pages 133-134.

dit plus haut, à notre laborieux compatriote. Parmi ces récompenses, il en est deux que nous avions omises à tort, et qui trouveront ici leur place. L'une provient du conseil général ; l'autre, de l'académie des inscriptions et belles-lettres.

« Dans sa séance du 18 août 1854, sur le rapport de M. Berger de Xivrey, l'académie des inscriptions décerne à M. l'abbé Cochet la première de ses trois médailles d'or.

« De son côté, en 1866, le conseil général déclare « qu'il est très-heureux, d'accord avec l'administration, que la nouvelle salle qui sera ouverte au musée des antiquités, porte le nom de M. l'abbé Cochet, dont le conseil général apprécie, depuis si longtemps, l'étude et l'actif dévoûment. »

« Et c'est là l'homme qui nous a été ravi, avant l'heure marquée par le psalmiste, par une de ces maladies cruelles dont la science la plus dévouée est impuissante à conjurer les effets. Pourquoi faut-il que les maîtresses branches de l'arbre de vie se dessèchent ainsi et meurent, au moment où elles pouvaient donner encore de si beaux fruits ? Mais peut-être que Dieu, lorsqu'il a purifié suffisamment ses serviteurs par les épreuves de cette misérable terre, ne les rappelle à lui que pour les récompenser plustôt, trop juste pour avoir égard à nos regrets ni à nos larmes. Inclinons-nous donc, le cœur brisé, mais avec résignation, devant sa volonté sainte. N'oublions pas, avant tout, que nous sommes chrétiens et que les ailes de notre foi ne sont pas de celles qui se replient au souffle de la mort. Que la tombe qui va se refermer sur un glorieux enfant de la Normandie, qui nous aimait et que nous aimions tant, ne soit pas un mur de séparation entre lui et nous, mais qu'elle soit plutôt comme le trait d'union qui rattache la terre au ciel, où nous gardons la consolation et l'espoir de le retrouver un jour. »

Voici le discours de M. l'abbé Loth :

« Messieurs,

« Je viens, au nom de l'académie, déposer sur cette tombe l'hommage de ses profonds et unanimes regrets. Mais, je le sens bien, ce n'est ni une compagnie, ni une cité, ni une province qui pleurent en ce moment l'homme

éminent dont nous entourons la dépouille mor-
telle : c'est la France, c'est, j'ose le dire, la
science elle-même qui portent son deuil.

« M. l'abbé Cochet fut un savant dans toute
l'ampleur et la noblesse de ce mot. Il doit être
rangé au nombre de ces esprits d'élite aux-
quels la Providence a départi le don de créer,
et qui font reculer, dans le vaste champ livré
à nos labeurs, les bornes des investigations
humaines. Bien qu'il ait consacré sa vie aux
travaux les plus variés de l'érudition et de
l'archéologie, et qu'il fut, à ses heures, un lit-
térateur épris jusqu'à l'enthousiasme des beau-
tés de la forme, son œuvre principale, celle qui
lui assure dans les annales de la science une
renommée impérissable, fut d'avoir demandé
aux entrailles de la terre les vestiges des âges
et des monuments disparus, et d'avoir réta-
bli, à l'aide de ces témoins irrécusables, quelques pages du grand livre de l'histoire. Il a
fouillé, dans toutes ses parties, notre vieux sol
normand, labouré par tant de races, d'inva-
sions et de révolutions successives, et il y a
retrouvé, non-seulement les tombeaux de nos
pères, les débris des siècles écoulés, mais surtout l'histoire du travail, des mœurs, des ins-

titutions, des progrès des générations qui nous
ont précédés, l'histoire elle-même de la civili-
sation. Il a créé, le premier, la science que
j'appellerai et qu'il a appelée lui-même, la
science de la Normandie souterraine.

« Loin de moi la pensée d'analyser ici — ce
ne serait vraiment ni l'heure ni le lieu — les nombreux travaux de ce puissant et infatigable
investigateur. Si je les ai rappelés, c'est parce
que l'académie de Rouen, à laquelle il a ap-
partenu pendant trente-trois ans et qui lui a
accordé, en 1865, la plus haute de ses distinctions en lui conférant l'honorariat, l'a, dès les
premiers jours et de tout temps, encouragé,
soutenu, applaudi dans son utile et féconde
mission.

« Une voix amie et autorisée vient de dire
ce qu'a fait, comme archéologue, comme vice-
président de la commission des antiquités,
comme inspecteur des monuments historiques,
comme conservateur du musée départemental des antiquités, comme correspondant de
l'institut, ce savant auquel n'a manqué aucun
genre de titres et de récompenses, comme il
n'a manqué lui-même à aucun noble labeur.

« Pour moi, je veux me borner à vous par-

ler brièvement de ce que je sais, à vous rap-
peler ce que fut l'homme que j'ai aimé, que
nous avons tous aimé, le prêtre que nous avons
entouré d'estime et de confiance, l'académi-
cien qui fut l'honneur et, en bien des points,
l'oracle de notre compagnie.

« Comme homme, M. Cochet a eu, et personne ne me contredira, les qualités du cœur
et de l'esprit qui rendent la vie aimable et bien-
faisante. Il était bon, aussi bien par la tendresse
naturelle de son âme que par la longue expé-
rience des hommes, qu'il plaignait bien plus
qu'il ne les blâmait. Je ne fais pas ici de pané-
gyrique banal. Je resterai dans la vérité stricte
en disant que son commerce était sûr autant
qu'agréable, sa fidélité à ses amis à toute
épreuve, sa compassion, pour tout ce qui était
faible et souffrant, inépuisable. Il aimait pas-
sionnément la patrie, dont il connaissait, autant qu'homme au monde, la glorieuse histoire. Il était de ceux qui ont le droit de l'écrire.
Fils d'un ancien soldat, qui avait pris part à
toutes les grandes guerres du commencement
de ce siècle et qui gardait encore dans sa vieil-
lesse les batteries qu'il avait conduites tant de
fois à la victoire, M. Cochet avait hérité de son

père le culte ardent des gloires nationales. Les premières impressions de son enfance ne furent pas sans influence sur la mission qu'il se donna de sauver de l'oubli tout ce qu'il rencontra, dans nos contrées, d'hommes et de choses de l'ancienne France.

« Dieu l'appela, Messieurs, à la vocation du sacerdoce. Il en remplit dignement les fonctions jusqu'au jour où sa santé fut profondément ébranlée par un de ces maux mystérieux et intimes que les hommes ne peuvent soupçonner, mais qui n'en apportent pas moins à notre organisme des perturbations irréparables. Ordonné prêtre en 1836, il fut successivement vicaire à Saint-François du Havre, à Saint-Remy de Dieppe, et aumônier du collége royal de Rouen. Dès 1838, il fondait au Havre et il établissait plus tard à Dieppe la société de Saint-François-Régis, pour faciliter ou réhabiliter les mariages des pauvres, cette touchante et salutaire institution qui a fait depuis tant de progrès, pour le bien des mœurs et de la société, et à laquelle il ne cessa jamais d'apporter son concours le plus dévoué. Son passage au collége de Rouen a été marqué par un zèle généreux et par l'intelligence des besoins des jeunes âmes confiées à ses soins. Un bon nombre des hommes qui honorent aujourd'hui notre cité, par leurs services et leurs vertus, lui doivent le bienfait d'une éducation solidement chrétienne.

« Quand la maladie, à laquelle je faisais tout-à-l'heure allusion, lui eut rendu impossible l'exercice du ministère sacerdotal, M. l'abbé Cochet, ne se croyant plus apte à travailler dans les rangs du clergé militant, se consacra, sous une autre forme et jusqu'au dernier jour, au service de Dieu et de l'Eglise qu'il aimait, Messieurs, du plus fidèle et du plus filial amour. Il se mit à écrire l'histoire de nos vieilles abbayes, de nos monastères, de nos églises, à faire revivre tout leur passé si admirable et si bienfaisant. Il fit plus encore, il s'employa, au prix de mille labeurs et de soins incessants, à restaurer, à embellir, à conserver la maison de Dieu parmi les hommes.

« Comme elles lui étaient chères nos églises normandes ! Non-seulement les basiliques, les abbatiales, qui forment à notre région une si brillante et si majestueuse couronne, mais encore les plus modestes églises de village, les plus oubliées, les plus chancelantes ! Comme il accourait à leur secours ! Avec quelle chaleur et quel dévoûment il prenait en main leur cause ! Oui, il a eu le zèle de la maison de Dieu, ce prêtre que nous pleurons, et il me semble entendre sa voix suppliante qui répète, du fond de son tombeau, la prière du roi-prophète : Seigneur, j'ai aimé avec prédilection la beauté de votre maison et le lieu de votre séjour parmi les hommes. Que mon âme, ô Dieu bon, trouve grâce devant vous !

« C'est en récompense de ce zèle que le pape Pie IX l'honora d'un bref, le 23 mars 1848, et que Mgr l'archevêque créa pour lui les importantes fonctions d'inspecteur des monuments religieux du diocèse.

« Je ne puis oublier plus longtemps, Messieurs, l'objet principal de ma mission, qui est de représenter ici la compagnie dont M. Cochet était l'ornement et la gloire. Rappellerai-je les travaux et les communications, pour ainsi dire innombrables, qui lui avaient acquis, au sein de l'académie, une autorité et une place privilégiées ? Mais qui ne le sait ? Ce savant est de ceux qui ont rendu plus d'honneur encore à la compagnie qu'ils n'en avaient reçu. D'ailleurs, mon cœur me dit, en ce moment, que j'ai mieux à faire qu'à louer cette grande mémoire. Je la bénis. O vous, qui avez daigné quelquefois me permettre de vous appeler mon maître et qui m'avez entouré d'une tendresse paternelle, soyez béni! J'ai trop de larmes et de deuil dans mon âme, en me séparant de vous, pour ajouter autre chose. Et ce faible hommage de ma profonde et filiale reconnaissance se terminera par une prière que vos lèvres ont si souvent murmurée : « Que la lumière éternelle brille sur lui, Seigneur, avec vos saints, dans le séjour de votre gloire, parce que vous êtes miséricordieux ! »

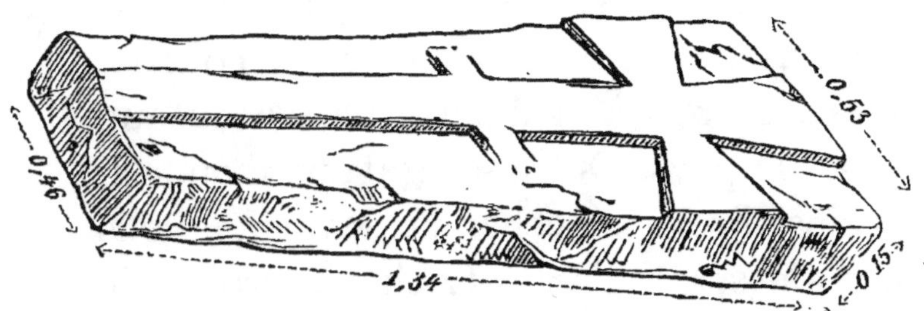

III.

SON MONUMENT.

Un monument funèbre doit être érigé à la mémoire de M. l'abbé Cochet. C'est dans ce but que plusieurs de ses amis ont songé à s'organiser en comité pour recueillir les souscriptions. Mais quel sera le monument ? Modeste, ou digne des cendres qu'il est appelé à recouvrir : dans tous les cas, l'expression d'une pensée amie et reconnaissante. Tout dépendra des fonds. M. l'abbé Cochet a beaucoup fait pour le pays. Outre ses travaux manuels, pour ainsi dire, à la recherche des générations souterraines, M. l'abbé Cochet a trouvé le temps de publier, dans l'espace d'environ trente ans, 138 ouvrages, d'après M. Hardy, et, selon un autre de ses biographes, 190[1]. Le diocèse de Rouen et le département de la Seine-Inférieure reconnaissent en lui leur principal historien archéologique, et sa réputation, comme fondateur de la sépulcrologie française, est universelle.

Espérons donc que l'appel du comité de Rouen sera entendu de toutes les parties de la France et même à l'étranger. Espérons qu'une sépulture de marque ne sera pas refusée à celui qui a mis tant de tombeaux en honneur, et que les voyageurs futurs, qui

---

[1] Une liste approximative des ouvrages de M. l'abbé Cochet les classe ainsi qu'il suit :

Volumes et brochures. . . .	145
Rééditions	25
Mémoires non tirés à part. . .	20
Total. . .	190

s'arrêteront devant le sarcophage de M. l'abbé Cochet, pourront dire : Comme il a fait aux autres, il lui a été fait à lui-même.

Mais, sans préjuger l'avenir, disons un mot du présent, et faisons connaître les principaux détails relatifs à la formation du comité et à l'organisation de la souscription.

Nous sommes heureux de constater que, partout et par tous, la pensée d'un hommage public à M. l'abbé Cochet a été accueillie avec une rare faveur. Aussi les adhésions requises, données dans les termes les plus chaleureux, ne se sont-elles pas fait attendre. Et, par suite, lors de la réunion spéciale qui a eu lieu à Rouen chez M. Gouellain, le jeudi 28 octobre 1875, le comité s'est trouvé définitivement constitué, au nombre de trente-quatre membres, dont voici les noms :

COMITÉ FORMÉ POUR ÉLEVER UN MONUMENT A LA MÉMOIRE DE M. L'ABBÉ COCHET.

—

MEMBRES DU BUREAU.

—

Président.

M. Gustave Gouellain, juge au tribunal de Commerce, rampe Bouvreuil, 44, à Rouen.

Vice-Président.

M. le vicomte Robert d'Estaintot, secrétaire de la
Commission des antiquités, rue des Arsins, 9,
à Rouen.

Secrétaire.

M. l'abbé Loth, membre de l'Académie de Rouen, rue
des Bonnetiers, 2, à Rouen.

Secrétaire-Adjoint.

M. l'abbé Tougard, professeur au petit séminaire du
Mont-aux-Malades, près Rouen.

Trésorier.

M. Félix Vallois fils, secrétaire de la Société centrale
d'horticulture de la Seine-Inférieure, rue de la Savonnerie, 12, à Rouen.

—

MEMBRES DU COMITÉ.

MM.

Paul Baudry, membre de la Commission des antiquités, place de la Motte, 2, à Rouen.

De Beaurepaire ✳, correspondant de l'Institut, rue
Chasselièvre, 5 *bis,* à Rouen.

MM.

Le marquis de Blosseville ✳, président de la Société de l'Histoire de Normandie, en son château, à Amfreville-la-Campagne.

Bouquet ✳, professeur au Lycée, membre de l'académie de Rouen, rue Bras-de-Fer, 2 *bis*, à Rouen.

Brianchon, président de la Société de Secours mutuels de Saint-Thomas, à Gruchet-le-Valasse.

Alfred Caraven-Cachin, membre de la Société royale de Luxembourg, à Castres.

L'abbé Caresme, chanoine d'Evreux, curé de Pinterville (Eure).

Coppinger, administrateur à la direction générale des Manufactures de l'Etat, rue Bassano, 1, à Paris.

L'abbé Decorde, membre de l'Académie de Caen, curé à Notre-Dame-d'Aliermont.

Desmarest ✳, architecte en chef du département, rue Saint-Maur, 60, à Rouen.

Léon de Duranville, membre de l'Académie de Rouen, rue Alain-Blanchard, 3, à Rouen.

De Girancourt ✳, membre du Conseil général, rue Saint-Patrice, 48, à Rouen.

Gosselin, membre de la Commission des antiquités, à Caudebec-lès-Elbeuf.

Dr Ernest Guéroult, membre de la Commission des antiquités, à Caudebec-en-Caux.

MM.

Michel Hardy, membre de la Commission des antiquités, à Dieppe.

L'abbé Jeuffrain, chanoine-archiprêtre de la Métropole,
rue Saint-Romain, cour des Libraires, 1, à Rouen.

L'abbé Jouen ✳, chanoine, ancien vicaire général,
à Evreux.

Gaston Le Breton, conservateur du Musée céramique,
rue Jeanne-d'Arc, 87, à Rouen.

Dr Lecadre ✳, membre correspondant de l'Académie
de médecine, rue de Fontenelle, 13, au Havre.

L'abbé Lecomte, professeur à la Faculté de théologie,
route de Neufchâtel, 12 d, à Rouen.

Dr Paul Levasseur, médecin en chef à l'Hôtel-Dieu,
quai de Paris, 48, à Rouen.

Lormier, vice-président de la Société des bibliophiles
normands, rue Socrate, 15, à Rouen.

L'abbé Malais, membre de plusieurs sociétés savantes,
curé à Martin-Eglise.

Ménant ✳, juge au tribunal civil, rue Jeanne-d'Arc,
31, à Rouen.

A. Milet, chef de la fabrication à la Manufacture nationale de porcelaines, à Sèvres.

Pelay, président de la Société rouennaise de bibliophiles, rue de Crosne, 74, à Rouen.

Charles Roëssler, membre de la Société havraise d'é-
tudes diverses, place de l'Hôtel-de-Ville, 7, au Havre.

MM.

L'abbé Somménil, chanoine honoraire, directeur de la Maison diocésaine, à Blosseville-Bonsecours.

Félix Vallois, ancien conseiller municipal, rue de la Savonnerie, 12, à Rouen.

Dans cette réunion, ont été arrêtées les dispositions suivantes :

Le siége du comité est fixé à Rouen, rampe Bouvreuil, n° 44, au domicile de son président.

Un appel aux souscripteurs sera rédigé incessamment par les soins du bureau.

Chaque membre du comité est invité à dresser une liste de toutes les personnes qu'il sait avoir été en relation avec M. l'abbé Cochet et qu'il suppose sympathiques à sa mémoire. Cette liste sera remise au siége du comité. Puis, au moyen des listes partielles, on formera une liste générale de ces personnes auxquelles seront adressés des exemplaires de l'appel.

La souscription sera publique.

Elle restera ouverte pendant trois mois.

Les souscriptions seront versées entre les

mains du trésorier ou de tout autre membre du comité, au choix des souscripteurs.

Les journaux du département seront priés de donner, au projet de monument et à la souscription, l'appui de leur publicité.

Procès-verbal de chaque séance sera dressé et transmis aux membres du comité.

Enfin, la question de monument, en tant qu'importance, nature et mode d'exécution, demeure expressément réservée jusqu'à la clôture de la souscription.

Tel est le premier acte du comité, telles sont les mesures d'organisation qui permettront, nous osons l'espérer, de conduire à bonne fin l'œuvre du monument de M. l'abbé Cochet, œuvre qui ne serait pas encore une œuvre vaine, quand elle ne servirait qu'à prouver, aux ecclésiologues et aux antiquaires, que leurs travaux ne sont pas stériles et que leurs lecteurs ne sont pas ingrats.

PIÈCES JUSTIFICATIVES.

I

ACTE DE NAISSANCE DE M. L'ABBÉ COCHET.

Du registre des actes de l'état-civil de la commune de Sanvic, pour l'an 1812, est extrait ce qui suit :

« L'an mil huit cent douze, le dimanche huit du mois de mars, à l'heure de midi, par-devant nous Georges Oursel, maire, officier de l'état-civil de la commune de Sanvic, arrondissement du Havre, département de la Seine-Inférieure, est comparu Jean-Marie Cochet, âgé de trente-neuf ans, gardien de la batterie de la Briqueterie, domicilié en cette commune ; lequel nous a présenté un enfant du sexe masculin, né le jour d'hier, à une heure du matin, de lui déclarant et de Victoire-Pélagie Poidevin, son épouse, et auquel il a déclaré vouloir donner les prénoms de Jean-Benoist-Désiré. Lesdites déclaration et présentation faites en présence de Benoist Marcotte, âgé de trente-trois ans, sergent-major dans les canonniers gardes-côtes, stationné en cette dite commune, et de Louis-Charles Dumont, âgé de quarante-deux ans, membre de la légion-d'honneur et capitaine d'une compagnie de canonniers gardes-côtes, stationné en la ville du Havre.

« Et ont les père et témoins signé avec nous le présent acte de naissance après lecture à eux faite.

Signé : Cochet. — Oursel.

Ch. Dumont. — Marcotte.

II

ACTE DE BAPTÊME DE M. L'ABBÉ COCHET.

Du registre des baptêmes de l'église de Saint-Denis-de-Sanvic, pour l'an 1812, a été extrait ce qui suit :

« L'an mil huit cent douze, le dimanche huit du mois de Mars, a été baptisé par nous prêtre desservant de Sanvic, soussigné, Jean-Benoist-Désiré, né d'hier, du légitime mariage de Jean-Marie Cochet, gardien de la batterie de la Briqueterie, située en ce lieu, et de Victoire-Pélagie Poidevin, son épouse ; le parrain Benoist Marcotte, sergent-major dans les canonniers gardes-côtes, stationné en ce dit lieu ; la marraine Désirée-Sophie Poidevin, fille, demeurant en la paroisse d'Ingouville, tante de l'enfant, lesquels ont signé avec nous les jour et an susdits. Le père absent. »

Signé : Marcotte. — Désirée Poidevin.
P.-J Monthois, P^tre D.

III

LETTRES DE PRÊTRISE DE M. L'ABBÉ COCHET.

Gustavus-Maximilianus-Justus, Princeps de Croÿ, miseratione Divinâ et Sanctæ Sedis Apostolicæ gratiâ, Titulo Sanctæ Sabinæ Presbyter Cardinalis, Archiepiscopus Rotomagensis, Normanniæ Primas, etc.

Universis præsentes Litteras inspecturis, Salutem et Benedictionem in Domino.

Notum facimus, quod anno Domini millesimo octingentesimo *trigesimo sexto, die vigesimâ octavâ mensis Maii, sabbato quatuor temporum antè Dominicam Sanctæ Trinitatis in Ecclesiâ nostrâ metropolitanâ* Sacros Ordines et Missam in Pontificalibus celebrantes, dilectum nostrum *Magistrum Joannem Benedictum Desideratum* Cochet, *Diaconum, è parochiâ de Sanvic Diœcesis nostræ,* capacem et idoneum in examine repertum, ad sacrum *Presbyteratûs* ordinem, ritè et canonicè, Deo juvante, promovendum duximus ac promovimus.

Datum Rotomagi, in Palatio nostro Archiepiscopali, sub signo *sigilloque nostris* necnon Secretarii Archiepiscopatûs subscriptione, die et anno suprà dictis.

— *+ G. Cardinalis Princeps a Croy*
Archiepiscopus Rothom.
De mandato
LEBEL.

IV

TESTAMENT DE M. L'ABBÉ COCHET.

Du testament olographe de M. l'abbé Cochet, en date du 24 janvier 1859, est extrait ce qui suit :

« Au nom du Père, du Fils et du Saint-Esprit.

« Je soussigné, prêtre du diocèse de Rouen, déclare mourir dans la foi catholique, apostolique et romaine, rétractant tout ce que j'ai pu dire ou écrire contre cette foi, ce que je ne me rappelle en aucune manière. Je recommande mon âme à Dieu, mon créateur, et aux prières de la sainte Eglise et de mes amis. Je demande pardon à

Dieu de mes péchés, et aussi à tous ceux que j'ai offensés ou scandalisés.

« Ayant quelques biens terrestres provenant de mon travail, que Dieu a béni, je désire les employer utilement pour le bien de mon âme.

. . . .

« Je désire être inhumé dans ma chasuble. Je donne mon calice à l'église d'Etretat.

. . . .

« Je prie ma mère de disposer de ma bibliothèque pour la bibliothèque du grand séminaire de Rouen ; de lui donner surtout ma collection de mandements et d'*ordos*.

. . . .

« Je déclare que les antiquités qui sont chez moi appartiennent au musée de Rouen.

. . . .

« Je désirerais que le tableau du *Christ sous la Croix* fut offert en mon nom au musée de Rouen. »

V

ACTE DE DÉCÈS DE M. L'ABBÉ COCHET.

Du registre des actes de décès de la ville de Rouen, pour l'année 1875, est extrait ce qui suit :

« Du deux juin mil huit cent soixante-quinze, à dix heures du matin.

« Acte de décès de Jean-Benoist-Désiré Cochet, abbé, célibataire, directeur du musée d'antiquités de cette ville, chevalier de la légion-d'honneur, décédé hier, à quatre heures du soir, en son domicile, rue Saint-Patrice, n° 29, âgé de soixante-trois ans, né à Sanvic, arrondissement du Havre (Seine-Inférieure), le sept mars mil huit cent douze, fils de Jean-Benoist-Marie Cochet et de feu Victoire-Pélagie Poidevin, constaté par nous, adjoint au maire de Rouen, officier de l'état-civil délégué, sur la déclaration des sieurs Victor Coquin, âgé de cinquante ans, marchand de tabac, domicilié à Barentin, arrondissement de Rouen, et Juste-François Bouis, âgé de soixante-dix-huit ans, rentier, rue de la Glacière, n° 5, amis du défunt.

« Auquel acte, fait double, ils ont signé avec nous, lecture faite. »

Signé : Coquin. — Bouis. — Dieutre, adjoint.

VI

ACTE D'INHUMATION DE M. L'ABBÉ COCHET.

Du registre des inhumations de la paroisse Saint-Patrice de Rouen, pour l'année 1875, est extrait ce qui suit :

« Je soussigné, curé de Saint-Patrice, certifie que, le quatrième jour du mois de juin mil huit cent soixante-quinze, le corps de Jean-Benoit-Désiré Cochet, prêtre, rue Saint-Patrice, 29, décédé le premier, âgé de soixante-trois ans, muni des sacrements, a été inhumé par moi soussigné, curé de Saint-Patrice, dans le cimetière de cette paroisse, en présence des soussignés. »

Signé : Cayez, curé. — Lefebvre, vicaire. — Dumort, prêtre habitué.

IMPRIMÉ A ROUEN PAR E. CAGNIARD.

IMPRIMÉ A ROUEN PAR E. CAGNIARD.